Serge H. Moïse

À l'Ombre du Mapou

Serge H. Moïse

À l'Ombre du Mapou

Recueil de poèmes

Éditions Muse

Imprint
Any brand names and product names mentioned in this book are subject to trademark, brand or patent protection and are trademarks or registered trademarks of their respective holders. The use of brand names, product names, common names, trade names, product descriptions etc. even without a particular marking in this work is in no way to be construed to mean that such names may be regarded as unrestricted in respect of trademark and brand protection legislation and could thus be used by anyone.

Cover image: www.ingimage.com

Publisher:
Éditions Muse
is a trademark of
Dodo Books Indian Ocean Ltd., member of the OmniScriptum S.R.L Publishing group
str. A.Russo 15, of. 61, Chisinau-2068, Republic of Moldova Europe
Printed at: see last page
ISBN: 978-620-2-29947-3

« Avant-propos »

« Définition du moïku »

On a tous entendu parler du « haïku » qui est un poème très concis de trois vers libres dont le premier et le troisième comptent cinq pieds, le deuxième sept pieds. Le haïku a été inventé au dix-neuvième siècle par un poète japonais et est pratiqué avec succès un peu partout dans le monde.

Le « gogyohka » d'un poète japonais également, s'inscrit dans la gamme de la poésie brève ou micro-poésie et se compose de cinq vers libres.

Le « moïku » pour sa part, d'origine haïtienne : réflexion, aphorisme, maxime, satire ou apophtegme sous forme de quatrain monorime se veut l'heureux mariage des sciences humaines et de la poésie. Il s'agit, lui aussi, d'un poème concis qui se compose de quatre vers libres dont les rimes sont identiques.

L'objectif du moïku est de porter le lecteur à méditer afin de tirer ses propres conclusions sur la forme et le fond. La meilleure éducation consiste à pousser les gens à penser par eux-mêmes, selon Noam Khomsky.

Il nous faut peu de mots pour exprimer l'essentiel disait Paul Éluard.

Heureuse trouvaille de votre humble serviteur qui compte déjà plusieurs adeptes auprès des amis-lecteurs sur la toile et qui a déjà fait l'objet de deux publications: Moïku et Moïku tome II.

Quatre éléments concourent à la composition d'un joli moïku :

Le fond, c'est à dire, le sujet abordé.

La forme, une phraséologie claire et simple et les quatre rimes qui sont identiques. Le simple est beau nous enseignent les sages!

La configuration du texte qui peut représenter un carré, un rectangle, un trapèze ou encore un triangle debout ou inversé. Un joli moïku sera donc agréable à l'œil, au cœur et à l'esprit.

Profondeur, harmonie et concision caractérisent un moïku qui peut se définir comme étant une parole mémorable sous la forme d'une capsule poético-philosophique.

Ce quatrain aux rimes identiques

Qui se veut une envolée poétique

Parle de l'amour et de la politique

Et d'autres thèmes philosophiques

Et si à la fin de chaque vers, en plus de la même consonance, c'est le même vocable qui fait la rime, alors c'est du moïku à son meilleur.

Il y en a qui ne rêvent pas

Et qui ne savent même pas

Que l'humanité: à petits pas

Progresse et ne reculera pas

Sélectionné comme poème du mois de décembre deux mille dix-sept par le parlement canadien. Alors si la tendance se maintient au point de faire boule de neige, le moïku d'origine haïtienne aura, autant que faire se peut, contribué à enrichir la poésie moderne. Qui vivra verra!

SHM av.

Préface

J'ai l'insigne honneur de vous présenter ce merveilleux ouvrage rédigé par mon bien-aimé père Me Serge H. Moïse avocat, écrivain et poète qui à mon humble avis s'est révélé une fierté nationale par sa plume bien aiguisée et très prolifique qui comble de bonheur lectrices et lecteurs qui ont la chance de s'en délecter.

Me Moïse après avoir passé vingt cinq ans d'exil à Montréal est revenu au bercail et a mené une brillante carrière au point où en 2006, lorsque l'Amicale des Juristes décida d'honorer les dix meilleurs avocats du Barreau de Port-au-Prince, il en faisait partie en toute humilité.

Il a publié Les Aphorismes de Maître Moïse, une première dans la littérature haïtienne avant d'inventer ce nouveau genre de poésie brève, le moïku dont vous lirez la définition en guise d'avant propos, qui lui a valu d'être honoré par la section culturelle du parlement canadien au mois de décembre 2017. En 2019, il fut invité à joindre les rangs de l'UNEQ : Union des Écrivaines et Écrivains du Québec et peu de temps après, il fut également invité par la SPF; Société des Poètes Français siégeant à Paris.

Les moïkus se lisent en tant que poèmes méditatifs qui font lever les yeux vers les étoiles tout en ayant les pieds solidement ancrés dans le sol. La nature humaine, la culture, la science, la politique; tous les aspects de la vie humaine y sont abordés sous formes de capsules poétiques qui en disent long et en très peu de mots.

Dominique Moïse

Enseignante

« Adieu Misères »

Chercher midi à quatorze heures

La cause réelle de nos malheurs

Nous fera hélas tourner en rond

Et reculer encor par petits bonds

II

Ce n'est évidemment pas la peur

Mais plutôt une sorte de torpeur

Résultant de notre acculturation

Qui a condamné toute la nation

III

Comme des bourricots furibonds

Qui se prennent pour des étalons

Allant braire dans leurs pâturages

Et de beauté voulant faire étalage

IV

Voilà l'image que nous projetons

En éduquant nos jeunes rejetons

Avec toutes les notions importées

Et dédaignant nos valeurs innées

V

Conduits par ces maîtres aliborons

Désignés à partir de ces sélections

Que nous osons appeler élections

Avons-nous donc des convictions

VI

Nous pérorons beaucoup de la foi

Mais jamais de création d'emplois

Cette priorité absolue de la nation

Génératrice du pain de l'éducation

VII

Nous évoluons en pleine errance

Entre les rêves et la désespérance

Dc prcndrc cnfin entre nos mains

Les leviers de notre propre destin

VIII

Tous impliquons-nous sans peine

Dans ce développement endogène

Habitués à vivre comme des frères

Nous redirons adieu à nos misères

IX

Le facteur de ce blocage extrême

C'est l'homme haïtien lui-même

Ses manières de penser et d'agir

Continueront à nous faire mourir

X

Extirpons chez nous l'hypocrisie

L'égocentrisme et la mesquinerie

Bannissons mensonge et fausseté

Et cultivons à nouveau la solidarité

« Arc-en-Ciel »

Quand tu me reluques

Coiffée de ta perruque

Cachant ta belle nuque

Avec tes yeux splendides

Ensorceleurs et si avides

Je me sens tout frémissant

Tel un collégien tremblant

À un rendez-vous galant

II

Quand tu me prends par la main

En sillonnant un bout de chemin

Tu me chuchotes ces mots si doux

Qui me font rêver d'être ton époux

Je perds complètement la tête

Et ne pense qu'à faire la fête

III

Quand ô indicible miracle

Á mon cou comme un pentacle

Langoureusement tu t'accroches

De moi c'en est fait et je décroche

IV

Si d'aventure tu me proposes

Entre toutes les belles choses

D'explorer jusqu'au matin

Ton superbe jardin d'éden

Au-delà de toute emphase

C’est simplement l'extase

Alors je revois tel un archipel

Les 7 couleurs de l'arc-en-ciel

« Cajoleuse »

Tu es entrée dans ma vie

Sans me demander mon avis

Et tu fais de moi actuellement

Un heureux esclave consentant

II

Tu n'es pas une coquine

Certes ta beauté me fascine

Tes bras devenus mon repaire

Et je ne demande qu'à te plaire

III

Et parce que tu es très belle

Tu joues très bien à la marelle

Loin de ces petites demoiselles

Tu planes comme une hirondelle

IV

Laisse-moi donc baiser tes pieds

Pour te prouver toute ma piété

Et pendant que tu te reposes

J'irai te cueillir des roses

V

À ce carrefour de ma vie

Je souhaite une dernière folie

Enchaînons nos deux solitudes

Et roucoulons sans inquiétude

VI

Alors dis-moi que tu m'aimes

Mais d'une passion suprême

Et en cultivant ce doux espoir

Je ne pourrai pas broyer du noir

VII

Ne sont-ils pas très mignons

Ces merveilleux petits pigeons

Alors en nous caressant des yeux

Nous pourrions vivre comme eux

« Ce doux petit mot »

D'aussi loin que l'on remonte

Dans la longue nuit des temps

Et bien avant la découverte

De la danse et de la musique

Dès les premiers balbutiements

De la lumineuse conscience

L'homme avait déjà inventé

Le mot le plus doux au monde

II

Ce tout petit mot

Simple et très beau

Et à nul autre pareil

Dans toutes les langues

Et sous toutes les latitudes

III

Trop simple pour désigner

Cette merveille de la nature

Sans laquelle l'humanité

N'existerait simplement pas

IV

Sur toutes les lèvres

Répété des millions de fois

Et sans la moindre altération

Quant à sa grande profondeur

Sa dimension toujours renouvelée

Il se prononce du bout des lèvres

Pourtant toute la tendresse du monde

S'y retrouve incommensurablement

V

Sa résonance si discrète

Et tellement majestueuse

Égale les plus beaux poèmes

Des temps jadis et d'aujourd'hui

VI

Deux toutes petites syllabes

Mais divinement musicales

Toutes les gammes y passent

L'inquiétude et l'angoisse

Le doute et la souffrance

L'amour et le don de soi

Avec cette grandeur d'âme

Empreinte d'altruisme

Et de tant de noblesse

VII

Ce mot tellement doux

Et merveilleusement beau

Que la plus belle définition

Ne saurait en préciser la portée

VIII

Sollicitude et dévouement

Don entier de sa personne

Tout cela et en même temps

Bonheur allégresse et félicité

IX

Car ce chant tellement sacré

En deux minuscules syllabes

Brèves et plutôt laconiques

Se prolonge mélodieusement

Par delà l'espace et le temps

X

Ce tout petit mot très doux

La quintessence de l'amour

Fait vibrer tous les cœurs

Car il symbolise également

Patience et Générosité

Abnégation et Sacrifice

Ferveur Espoir et Rêve.

XI

Ce singulier petit mot

Ce petit mot plutôt court

Qui en dit tellement long

Avec autant de spontanéité

Que de joie et d'éloquence

XII

Hé oui ce mot si merveilleux

Deux toutes petites syllabes

Mais divinement musicales

Ce mot certes le plus doux

C'est tout simplement

« Ce petit garçon »

Il y avait une fois un petit garçon

Qui portait fièrement son pantalon

Lorsqu'avec beaucoup de protocole

Il se rendait à sa très lointaine école

II

Il devait parcourir des kilomètres

Avant de pouvoir dire à son maître

Le bonjour en s'efforçant de sourire

Sans avoir l'air de tellement souffrir

III

Hélas et puisqu'il n'avait pas déjeuné

Il n'était certainement pas très disposé

À assimiler de nouvelles connaissances

Qui lui vaudraient une belle compétence

IV

Il ne pouvait certes pas suivre ses cours

Car son ventre lui jouait de mauvais tours

Et il faisait donc semblant de tout écouter

Pour ne pas se faire brutalement rabrouer

V

Il ne pensait qu'au repas plus ou moins chaud

Qui lui était offert le midi en guise de cadeau

Ainsi qu'à tous les autres gentils petits garçons

Qui venaient quémander le pain de l'instruction

VI

Sommes-nous donc en train de rêver

En faisant semblant de vouloir éduquer

Des millions de jeunes qui sont affamés

Car leurs parents ne peuvent pas travailler

VII

Nous devrons certes créer des emplois

En innovant à partir de nouvelles lois

Les structures économiques du pays

Qui est perçu comme un État failli

VIII

Puisque la jeunesse est l'avenir de la nation

La négliger c'est condamner cette nation

Qui a vu fuir des millions de ses enfants

À dégringoler lentement mais sûrement

« C'est si bon »

De revivre le bon vieux temps

Ce temps il y a très longtemps

Où l'on prenait alors le temps

De faire de temps en temps

Ce qu'il fallait faire à temps

« C'est si bon »

De croire qu'avec le temps

Reviendront ces bons moments

Afin que les futures générations

Connaissent cette bénédiction

« C'est si bon »

De se souvenir de ce temps

Où presque tous les enfants

Pouvaient s'aimer tellement

Et les citadins et les paysans

Formaient cette belle famille

Á travers la perle des Antilles

« C'est si bon »

De caresser ces espérances

Et ces douces réminiscences

Qu'ils reviennent ces moments

Avec tous ces bonheurs d'antan

Que nous avons vécus enfants

Avec tous nos grands parents

« C'est si bon »

De gambader dans un lakou

De rêver comme un vieux fou

Et au rythme d'un yanvalou

Se trémousser jouk li jou

« C'est si bon »

De pouvoir ressasser tout ça

Et puis repartir pour l'au-delà

Sans jamais dire : Si j'avais su

Pour avoir tellement bien vécu

« Confidences »

Si aujourd’hui

À l'automne de ma vie

Je m'en vais par les chemins

Au rythme d'un yanvalou

Trépidant et frénétique

Chantant allègrement

Ah! Que la vie est belle

Et caressant le doux rêve

Que les plus beaux jours

Sont tous encore à venir

C’est toi qui en es la cause

Si aujourd'hui

Lorsque le soleil ardent

Fait place à la nuit fraîche

Mon cœur se métamorphose

En un splendide brasier

Consumant ce feu sacré

Si beau et tellement chaud

Qu'il ne saurait s'éteindre

C'est toi qui en es la cause

Si aujourd'hui

Ton éblouissante beauté

Émerveille divinement

Et mes jours et mes nuits

Que les fibres de mon être

N'aspirent profondément

Qu'à la sublime communion

De nos deux cœurs esseulés

C'est toi qui en es la cause

Si aujourd'hui

Tout ce que je peux vouloir

Est simplement de te savoir

La femme la plus heureuse

Aujourd'hui comme demain

Puisque ton bonheur à toi

S'avère également le mien

C'est toi qui en es la cause

Si aujourd'hui

Et jusqu'à la fin de ma vie

T'aimer mais passionnément

Tel que tu ne l’as jamais été

De cet amour inconditionnel

Indéfectible et bien sûr éternel

Te gâter te choyer et te chérir

Semble être mon ultime destin

C'est encor toi qui en es la cause

« Douce illusion »

Elles symbolisent la beauté

Et l'amour de l'humanité

Le courage et le don de soi

La vertu ainsi que la foi

II

Hélas certaines d'entre elles

Ont alors si peu de cervelle

Qu'elles se font complices

De leurs propres préjudices

III

Il ne faut pas se mettre en tête

Que toutes les femmes son bêtes

Certaines en projettent l'image

En se prenant pour des mages

IV

Depuis la nuit des temps

Et sur les cinq continents

Les femmes sont négligées

Et tellement discriminées

V

La bible comme le coran

Les placent au second rang

Et toujours en espérant

Elles y ont prêté le flanc

VI

Elles se sont réveillées à temps

Elles ont le choix maintenant

Les voilà à la dernière mi-temps

Pour réaliser leurs rêves d'antan

VII

Une toute nouvelle humanité

Hé oui la fraternité et l'égalité

Entre les genres et les espèces

Une vie d'amour et d'allégresse

VIII

Et enfin nous pauvres hommes

Ne risquons rien en somme

Puisque selon Jacques Brel

Le très célèbre ménestrel

Les hommes sont des cochons!

Les femmes adorent ces cochons!

« FEMME »

Toi la matrice de l'humanité tout entière

Source de notre vie certes la première

Symbole de grandeur d'âme sur terre

De douce vertu et de beauté altière

Discrète mais tenace et téméraire

Jusqu'au sacrifice afin de faire

Ton bonheur et celui des tiens

Brave et nourrissant en ton sein

L'espoir des jours meilleurs

Où s'épanouissent les fleurs

II

Digne et plus souvent héroïque

Créature divine authentique

Hier aujourd'hui ou demain

Au salut du genre humain

Nettement indispensable

Mais que de grains de sable

N'as-tu eu hélas à endurer

Hé oui afin de pérenniser

Le destin de l'humanité

Depuis la lointaine antiquité

III

Durant toutes ces années

Trop souvent mal traitée

Tu as bien tenu le coup

Certes et jusqu'au bout

Car détentrice de la vérité

Tu le savais alors fort bien

Que n'étant pas très malins

Nous ne pouvions aller bien loin

Sans le support de tes bons soins

IV

De tes entrailles bénies

Tu leur as donné la vie

Á des princes et à des rois

Et ils ont institué leurs lois

Lesquelles hélas sans pitié

Ne t'ont jamais ménagée

Pourtant pour ton bébé

Qui n'est pas encore né

Sans prendre aucun avis

Tu sacrifieras toute ta vie

V

Tu as atrocement souffert

De notre arrogance d'enfer

De nos multiples ingratitudes

Et de toutes nos turpitudes

VI

Pourtant avec une patience d'ange

Loin des ténèbres et de la fange

Tu as bien sûr guidé nos pas

Souvent avec un bon repas

Succulent et délicieux

Vers la cime des cieux

VII

En temps de paix ou de guerre

Sur le terrain ou la civière

Ton noble et doux sourire

Arrive à nous traduire

Sans trop de bavardage

Le sens du vrai courage

VIII

Tu détiens ce grand pouvoir

Et sans trop le faire savoir

Tu as façonné le monde

De manière plutôt féconde

IX

L'homme dans sa faiblesse

A voulu te tenir en laisse

Mais réalise petit à petit

Que sans toi il est tout petit

X

Durant toute notre enfance

Notre pleine et entière confiance

Résidait en toi havre de paix

Et de tendresse car à tout jamais

L'ultime récompense de l'enfant

Sera toujours le baiser de maman

XI

Les poètes évoquent ta grandeur

Ils chantent toujours ta beauté

Et célèbrent toute ta splendeur

Avec de vibrants élans du cœur

Modeste dans ta magnificence

Tu seras toujours la référence

Et la source de notre bonheur

XII

Nous le savons maintenant enfin

Et puisque ce n'est pas encor la fin

Avec amour et caressant ton image

Nous te rendons ce bel hommage

Du fond du cœur et en toute humilité

À toi la splendide reine de l'humanité

« Haïti ne mourra pas »

Toute histoire de bon aloi

Débute par il était une fois

Et alors celle qui va suivre

Écrite par le fer et le cuivre

A émerveillé tout le monde

Et bien sûr partout à la ronde

II

Des femmes et des hommes

Traités en bêtes de somme

Sans la moindre hypocrisie

Ont dit non à l'ignominie

III

Ils étaient quelques millions

Victimes d'une malédiction

Erreur! Car ces va-nu pieds

Étaient les héros de la liberté

IV

Oui vingt fois ils ont échoué

Vingt fois ils ont recommencé

Répondant à l'appel du général

Guerroyant jusqu'à l'assaut final

V

Et ainsi est née sans réplique

En ce bas monde si atypique

La toute première république

Des Nègres au destin tragique

VI

Et puis elle a baissé pavillon

Flétrie en dépit de son fanion

Ses enfants se sont fourvoyés

Négligeant hélas leur haïtianité

VII

Pas question de baisser les bras

Car de ses cendres elle renaîtra

Ayant résisté à tous les méfaits

Notre Haïti ne mourra jamais!

« La Paix »

Même si ce n’était qu'un rêve

Il faudrait le cultiver sans trêve

La paix de l'esprit et du cœur

Est la vraie clef du bonheur

II

L'humanité tout entière

Serait bien plus prospère

N'étaient ces foutues guerres

Entre les sœurs et les frères

III

L'orgueil et la mesquinerie

La méfiance et l'hypocrisie

La cupidité et la jalousie

Sont sources de tyrannie

IV

Mais il viendra ce beau jour

Où l'humanité vivra d’amour

De franchise et de fraternité

Dans la paix et la solidarité

« La poésie »

La plus délicieuse des prières

Et pour oublier toutes misères

Tu ne penseras qu'à ta muse

Pour voir que tout t'amuse

II

Te balader dans l'imaginaire

Loin de toutes les chimères

Errer dans la stratosphère

Ou alors au fond de la mer

III

Pouvoir soliloquer à volonté

Sans passer pour un éberlué

Et pouvoir revenir sur terre

Sans perdre tes vrais repères

IV

Te faire la voix des sans-voix

De ceux qui ont perdu la foi

Et qui cherchent leur voie

Hélas un jour à la fois

V

Par les muses bien inspiré

Chanter l'amour et la beauté

Afin de laisser à la postérité

Des refrains bien harmonisés

VI

Voilà poète ta modeste tâche

Qu'il faut effectuer sans relâche

Sans espérer gloire ni honneur

Mais simplement du bonheur

VII

Hommage soit rendu à nos sœurs

Qui s'y adonnent de tout cœur

Car cette touche de féminité

Apporte douceur et volupté

VIII

La poésie fait fi des banalités

Elle cultive certes la beauté

Au tréfonds de nous-mêmes

Sans verser dans la bohème

IX

Et ce qui rend sublime la poésie

C'est sa recherche de l'harmonie

À travers ses très douces mélodies

Agréables et au cœur et à l'esprit

X

La poésie le langage des dieux

Fera toujours des bienheureux

Parmi tous ceux qui ont du cœur

Et qui aspirent au grand bonheur

« La vie est belle »

Quand pour nous viendra

Le moment du dernier appel

Oui quand sonnera l'heure

De tirer notre révérence

Sur la pointe des pieds

Avec élégance et finesse

Nous prendrons gentiment

Notre bâton de pèlerin

Contemplant du firmament

Une toute dernière fois

Les astres lumineux

Le bleu de l'océan

Source de toute vie

Il n'y aura pas de tocsin

Ni pleurs ni gémissements

II

Le léger parfum des fleurs

Adoucira encor notre humeur

Tous les anges entretiendront

Les sublimes feux de l'univers

Pour que grandiose soit la fête

III

Tous les enfants du quartier

Joueront encore à la marelle

Et les troubadours du terroir

De leurs rythmes et cadences

Se joindront à Joe Trouillot

Dodophe Legros et Ti-Paris

Nono Lamy et Guy Durosier

Et puis Carlo Dorléans Juste

Pour que grandiose soit la fête

IV

Alors à tous nos chers amis

Nous dirons encore : Merci

Merci de nous avoir tant aimé

Assisté secondé et encouragé

Au cours de notre petit périple

V

Le méritions-nous?

Qui saurait le dire?

Et puis qu'importe!

À tous ces amis très chers

Peu nombreux il est vrai

Qui nous avaient comblé

De leur tendre affection

Nous dirons encor : Merci

VI

Si là-haut ou ailleurs

L'on se souvient encore

Nous ne saurions les oublier

Car pour nous ils auront été

Sur cette terre de fer et de feu

Les plus précieux des trésors

VII

Aux autres plus nombreux

Que nous avions dérangés

Très souvent sans le savoir

Toujours sans le vouloir

Et qui nous en voulaient

Hélas à tort ou à raison

Et qui nous ont détesté

À nous voir plutôt crever

Sous le poids hideux

De leurs inavouables

Et macabres sentiments

VIII

Ceux-là qui ont tout essayé

En vain de nous persécuter

À ceux-là nous dirons aussi

Sans ambages ni état d'âme

Merci d'avoir tous échoué

IX

La rancœur et les ressentiments

Les turpitudes et les mesquineries

Sont et demeurent en deçà de nous

Puisque toujours ignorer la racaille

Caractérise notre fière nature

X

Ainsi aurons-nous vécu

Comme nous l'avions voulu

Évoluant dans la région des aigles

À l'instar de l'homme de Bréda

Hé oui toujours inaccessible

Aux crabes dans le panier

XI

Grâce à eux et à cause d'eux

Nous avons réalisé à temps

Notre descente aux enfers

Pour renaître en bout de ligne

Averti aguerri et plus robuste

XII

Quand sur la pointe des pieds

Avec élégance et finesse

Nous partirons enfin

Explorer d'autres horizons

Au ciel ou dans les géhennes

Nous y serons encore critiqué

Controversé et adulé à la fois

Au dam de ces frères ennemis

Hélas qui se sont faits violence

À tant vouloir nous éclabousser

Et qui ont lamentablement échoué

XIII

Puisque les dieux sont avec nous

Nous aurons vécu en toute sérénité

Comme nous l'avions toujours voulu

Et nous partirons donc sans regret

Car ici comme dans l'ailleurs

La vie est belle!

« Le lycéen »

Au lycée Anténor Firmin

Sous la direction d'Émile Chrispin

Chaque jour c'était la St-Crépin

Pour les petits et les grands gamins

II

Petit à petit les choses changèrent

Puisque Milot ne plaisantait guère

Les Lemaire - Moïse et les Benjamin

Ainsi que tous les autres malandrins

Se croyant de très joyeux lutins

Finirent par se prendre en main

III

Ils retrouvèrent le droit chemin

Grâce à Me Emile Chrispin

Et devinrent de vrais épicuriens

Autrement dit d'excellents citoyens

IV

Milot comme nous l'appelions

En cachette et en toute affection

A droit à notre reconnaissance

Car il a fait toute la différence

VI

Hé oui! Honneur et Gloire à Lui

Générations d'hier et d'aujourd'hui

Rendons hommage et haut la main

Au grand patriarche Émile Chrispin

« Merci »

Apprenons donc tous à le dire

Toujours avec un beau sourire

Et aussi d'un cœur plutôt léger

À l'instar d'un très doux baiser

II

Disons-le à tout instant

À un adulte ou un enfant

Très gentil à tous égards

En échange d'un regard

III

Pour saluer la grande beauté

D'une superbe femme en été

Disons aussi merci au créateur

Qui a si bien fait notre bonheur

IV

Merci aussi pour la santé

Qui n'offre pas trop de ratés

Avec la joie de vivre heureux

Même par les temps pluvieux

VI

Disons-le donc tous les jours

Sans faire trop de mamours

La chaleur dans les cœurs

Ne commet jamais d’erreur

VII

Entre deux éclats de rire

On peut encore le redire

Et assurément sans mentir

Car cela ne fait pas souffrir

VIII

Pour des vœux d'anniversaire

De tant d'amis qui sont si chers

Qui nous souhaitent du bonheur

Disons merci du fond du cœur

IX

Pour un service inespéré

Un conseil non sollicité

Un petit bisou inattendu

Les deux bras bien tendus

Disons simplement merci

Et avec beaucoup d'empathie

Merci aux Amis! Merci à la Vie!

« Redis-le moi »

Je t'en supplie redis-le moi

Et encore des milliers de fois

Ce doux baume à mon cœur

Qui me comble de bonheur

II

Que ce soit vrai ou faux

Autant de fois qu'il le faut

Je serai prêt à me rendre

Car je raffole de l'entendre

III

Oui cinquante ou mille fois

Je t'en supplie n'arrête pas

Á travers ce sourire angélique

Ce mot devient plutôt magique

IV

Ce mot que je voudrais crier

Mais que je n'ose pas révéler

Et qui me fait tellement rêver

En plus de tout espérer

V

Le plus beau d’entre tous

Ce mot qui est si doux

Et qui ne serait qu’à nous

Redis-le moi à tout coup

VI

Cinquante ou mille fois

Fais-moi vibrer d'émoi

L'amour est notre emblème

Redis-moi que tu m'aimes

« Vieillir »

Bernard Pivot dit que c'est chiant

Moi je trouve que c'est épatant

De faire un véritable beau bilan

De ce qu'a été le beau temps

Au cours de ces derniers 75 ans

« Vieillir »

C'est le moment de récolter

Tout en continuant de semer

Et d'offrir les bons augures

Pour les générations futures

« Vieillir »

C'est vivre intensément

Bien mieux qu'auparavant

Hélas pour ne pas avoir su

Ou encore ne pas avoir pu

« Vieillir »

C'est goûter davantage

Aux plaisirs du grand âge

À défaut de la quantité

Du moins en qualité

« Vieillir »

C'est faire les réminiscences

De ce qui aura été l'essence

De ce très dur et long combat

Et de ne pas être sur le grabat

« Vieillir »

C'est la liberté en outre

De rêver et de s'en foutre

De dormir toute la journée

Et de gambader toute l'année

« Vieillir »

C'est se créer un très bel entourage

Et réaliser que le bonheur n'a pas d'âge

La vie s'embellit chaque jour davantage

En ville à la montagne ou sur les plages

« Vieillir »

C'est aiguiser la joie d'être en vie

Car elle est déjà gagnée la partie

C'est également jouir de sa félicité

Préparer ses adieux à l'humanité

En se rapprochant de l'éternité

Table des matières

Printed by Books on Demand GmbH, Norderstedt / Germany